AF343781

CATALOGUE

d'une belle collection

DE

TABLEAUX

ANCIENS ET MODERNES,

DES ÉCOLES

Espagnole, Italienne, Flamande, Hollandaise et Française,

PROVENANT DE LA GALERIE

De M. le Prince de Talleyrand,

Et du Cabinet de M. Bre. de G..

DONT LA VENTE AURA LIEU

HOTEL DES VENTES MOBILIÈRES,

RUE DES JEUNEURS, 16,

SALLE N° 1.

Les Mardi 9 et Mercredi 10 Mars 1847, à midi,

Par le ministère de M° RIDEL, Commissaire-Priseur, rue Saint-Honoré, 335,

Assisté de M. SCHROTH, Appréciateur, rue Fontaine-Molière, 33,

Chez lesquels se distribue le présent catalogue.

EXPOSITION PUBLIQUE

Les Dimanche 7 et Lundi 8 Mars 1847, de midi à 4 heures.

PARIS.

IMPRIMERIE ET LITHOGRAPHIE DE MAULDE ET RENOU,

Rue Bailleul, 9 et 11.

1847

CATALOGUE

d'une belle collection

DE

TABLEAUX

ANCIENS ET MODERNES,

DES ÉCOLES

Espagnole, Italienne, Flamande, Hollandaise et Française,

PROVENANT DE LA GALERIE

De M. le Prince de Talleyrand,

Et du Cabinet de M. Dép. de C.,

DONT LA VENTE AURA LIEU

HOTEL DES VENTES MOBILIÈRES,

RUE DES JEUNEURS, 16,

SALLE N° 1.

Les Mardi 9 et Mercredi 10 Mars 1847, à midi,

Par le ministère de M° RIDEL, Commissaire-Priseur, rue Saint-Honoré, 335,

Assisté de M. SCHROTH, Appréciateur, rue Fontaine-Molière, 33,

Chez lesquels se distribue le présent catalogue.

—◦—

EXPOSITION PUBLIQUE

Les Dimanche 7 et Lundi 8 Mars 1847, de midi à 4 heures.

—◦—

PARIS.

IMPRIMERIE ET LITHOGRAPHIE DE MAULDE ET RENOU,

Rue Bailleul, 9 et 11.

—

1847.

La collection que nous présentons à la curiosité de MM. les amateurs est digne de fixer leur attention, car les tableaux qui la composent proviennent en très grande partie de la galerie de M. le prince de Talleyrand et du cabinet de M. Dup. de G. Le petit nombre de ceux que nous y avons adjoints n'est pas indigne de figurer à côté d'aussi belles productions, et nous pensons que MM. les amateurs seront de notre avis. Cette belle collection devant être livrée à la chaleur des enchères, l'intention des propriétaires est de suivre les chances de la vente, qui ne peut que leur être favorable par la belle composition et la qualité des tableaux qui la composent.

CONDITIONS DE LA VENTE.

Les acquéreurs prieront cinq pour cent en sus de leurs adjudications.

DÉSIGNATION

DES TABLEAUX.

ÉCOLE ESPAGNOLE.

CANO (Alonzo).

1 — Dans un intérieur de chambre, la Vierge assise et
la tête appuyée sur la main, regarde avec attention son fils, assis dans la partie opposée de
la pièce, qui s'est piqué le doigt avec une épine
de la couronne qui est posée sur ses genoux, et
qui le presse pour en faire sortir le sang; entre
eux, une table sur laquelle sont des livres et des
poires; à droite de la Vierge, un bouquet de lis
et de roses; sur le devant et à ses pieds,
deux pigeons blancs. Ce tableau, d'une belle
couleur et d'un pinceau agréable, est bien
composé, les caractères de tête en sont beaux,
les draperies d'un beau style, et l'entente gé-
nérale parfaite.

MURILLO (Esteban).

2 — Le Petit saint Jean; il est debout et en partie couvert d'une draperie rouge; dans ses deux mains il tient une croix en roseau; derrière lui, son agneau.

Ce tableau, du plus beau faire de ce maître, est admirable de couleur, et sa conservation en est parfaite.

PAR LE MÊME.

3 — Le Repentir de saint Pierre. Cette tête, d'une belle expression, est énergiquement peinte, ainsi que les mains qui sont savamment exécutées.

PAR LE MÊME.

4 — Le Mariage de la Sainte Vierge; esquisse du grand tableau.

PAR LE MÊME.

5 — L'Annonciation; esquisse du grand tableau.

Ces deux esquisses proviennent de la collection Rayneval.

ZURBARAN.

6 — Saint François en extase; il est à genoux, le regard tourné au ciel, et à ses pieds se trouve un saint personnage, qui lit avec beaucoup de recueillement. Ce tableau, d'une belle et admirable couleur, est d'un pinceau suave, et à la fois ferme, large et vigoureux.

ÉCOLE ITALIENNE.

ALBANE.

7 — Vénus sur les eaux ; elle est assise sur une coquille qui lui sert de char, qui est traînée par deux dauphins conduits par un amour ; près d'elle, deux amours, et derrière, des tritons et des naïades qui la suivent. Ce tableau, d'une composition des plus agréables, est d'une très jolie couleur et d'un joli effet.

BOTH.

8 — Paysage, effet de soleil couchant. Sur le devant, un terrain couvert de rochers et de broussailles, et deux paysans, dont l'un dort, et l'autre regarde un homme qui ne peut pas faire avancer son âne. Sur le second plan, un monticule sur lequel sont plusieurs personnages ; à droite, un âne chargé dans des broussailles, et dans le fond une plaine couronnée de montagnes. Ce tableau est d'une limpidité remarquable ; l'exécution en est des plus fines et sa conservation est parfaite.

CANALETTI.

9 — Vue de Malte. Tableau animé par une grande quantité de figures placées sur des embarcations et ailleurs. Composition capitale. L'on attribue trop généralement à ce maître les tableaux de

ses imitateurs, qui manquent toujours de cette ampleur, de cette fermeté d'exécution qui lui sont propres. Celui que nous offrons ici est de son plus beau faire.

PAR LE MÊME.

10 — Vue du Grand Canal à Venise. Ce tableau, d'une belle et riche composition, est orné d'une immense quantité de figures et de barques; il est d'une grande finesse et des plus spirituellement touchés.

CARRACHE (ANNIBAL), d'après RAPHAEL.

11. — La Vierge, l'Enfant-Jésus et saint Jean. La Vierge, debout, tient l'Enfant-Jésus; près de lui le petit saint Jean le contemple; dans le fond un paysage. Ce tableau, de petite dimension, peint sur bois, est remarquable par sa couleur et sa finesse, la beauté de son exécution est admirable et en tout digne du grand maître qui a su reproduire un aussi beau tableau, d'un maître aussi admirable et qui rappelle toutes ses belles et immenses qualités.

DOLCI (AGNÈS).

12 — Portrait de la célèbre Cinci. Il est peint d'une manière large et savante, qui n'exclut point la suavité et le moelleux du pinceau.

Le même portrait, peint par le Guide, mais d'une tout autre manière, se trouve placé dans la galerie de Florence.

FORINI.

13 — Portrait de femme ; elle est coiffée en cheveux, et la gorge recouverte d'une draperie blanche. Ce tableau, d'une belle couleur, est d'une grande finesse de ton et d'une belle et large exécution.

GIORGIONE.

14 — Portrait de Galilée, à l'âge de quarante ans. Il tient dans les mains une carte où est tracée la figure de la terre. Ce beau portrait est remarquable par une admirable couleur et par sa simplicité.

GUIDE (RÉNI).

15 — Lucrèce, au moment de se frapper, honteuse de survivre à son déshonneur : sujet éminemment dramatique, et traité avec toute l'ampleur et l'élévation qu'il comporte. Ce beau tableau porte en soi tous les caractères d'une incontestable originalité; et, comme tel, il est susceptible de prendre place dans les plus belles galeries. Il a besoin de quelques légères restaurations.

PANINI.

16 — Vue d'un palais au bord de l'eau. Sur le devant, deux personnages, et plusieurs autres sur le péristyle; tableau d'une belle et large exécution.

PHILIPPE NAPOLITAIN.

17 — Réunion de guerriers à cheval sur un champ de bataille. Composition traitée dans la manière de Salvator.

RAPHAEL (D'URBIN).

18 — Son portrait, peint par lui-même, à l'âge de vingt-cinq à trente ans.

SALVATOR ROSA.

19 — Groupe d'arbres, dont l'un a été en partie brisé par l'orage. Tableau d'un effet énergique et puissant, comme toutes les productions de ce célèbre artiste.

SALVIATI (FRANÇOIS).

20 — Le Mariage mystique de sainte Catherine. Placé debout sur les genoux de sa mère, l'Enfant Jésus se penche amoureusement vers sa nouvelle épouse, qui, pénétrée de son souffle divin, reçoit avec extase ses innocentes caresses. Saint Joseph prend part à cette scène, composée de quatre figures d'un beau caractère et d'une admirable couleur.

Ce tableau provient de la galerie Torlonia de Rome; il est susceptible d'acquérir plus d'importance, au moyen de quelque légère réparation.

DEL SARTE (André).

21 — Une Sainte Famille. Sur le devant, la Vierge assise tient l'Enfant-Jésus sur ses genoux; plus loin le petit Saint-Jean, assis sur les genoux de sainte Anne, qui regarde saint Joseph assis derrière la Vierge. Tableau de forme ronde, bien composé.

SODAMA.

22 — Le Christ, une corde au cou et une couronne d'épines sur la tête, présenté au peuple qui l'insulte. Tableau d'un effet large et d'une exécution fine et serrée.

VÉRONÈSE (Paul).

23 — Jésus, dans un temple, lavant les pieds aux apôtres; ébauche. Grande et belle composition.

TINTORET.

24 — Portrait de femme nu-tête; elle a le col orné d'un collier de perles et une collerette vénitienne; cette belle tête est d'une énergie de pinceau remarquable et puissante de couleur et de ton.

25 — Un enfant jouant avec des bulles de savon.

————————

ÉCOLE FLAMANDE, HOLLANDAISE, ETC.

ASSELYN (Jean).

26 — Paysage avec figures et animaux; effet de soleil couché. Etude savante et difficile à exécuter par le peu de temps qu'il est permis d'y donner, à cette heure fugitive de la lumière.

BOUT (Pierre).

27 — Paysage : vue de Hollande. Sur le devant une barque remplie de personnages près d'un monticule sur lequel est un moulin à vent; à gauche et derrière, des masses d'arbres et des maisons; et dans le fond un large canal sur lequel sont des barques à voiles. Ce tableau, d'un effet piquant, est d'une grande harmonie de couleur et d'effet.

CUIP (Albert).

28 — Paysage d'un ton chaud et doré. Deux figures, homme et femme, et quelques chèvres et moutons sur les devants, enrichis de belles plantes. Sur les bords d'un canal, deuxième plan, deux cavaliers à cheval, faisant route ensemble.
Tableau d'un bel aspect.

DU JARDIN (Karel).

29 — Paysage d'un ton clair et doré, orné de figures et de quelques bestiaux, dont une vache blanche se grattant après un tronc d'arbre. De jolis devants, des fonds d'une nature agreste et un ciel lumineux et plein de mouvement, sont des qualités incontestables qui rehaussent le mérite de cette composition à la fois savante et naïve.

Ce tableau sort du cabinet de M. Perrier, vendu en 1826 ou 1827.

ENGHELBRECHTESEN (Corneille).

30 — Putiphar voulant séduire Joseph, qui s'enfuit. Tarquin voulant violer Lucrèce, qui lui résiste.

Ces deux remarquables tableaux, qui datent de l'année 1500, sont d'une conservation parfaite; ils sont dessinés avec une grande vigueur, et leur inspection prouve que lorsque l'artiste les a peints, il était dans la force de tout son talent; les chairs, les draperies, les personnages des seconds plans et tous les accessoires sont traités avec un soin extraordinaire; la couleur en est riche et d'une grande vérité, et ils sont mentionnés dans les biographies.

Les ouvrages de ce maître, qui a eu Lucas de Leyde pour élève, sont excessivement rares et recherchés, et ils sont dignes de figurer dans les plus belles collections.

ELZEIHMER (ADAM).

31 — Deux précieux petits tableaux de ce maître, faisant pendant, et représentant, l'un le sac de Jérusalem par Sennachérib ; l'autre la défaite de ce fameux roi d'Assyrie ; ce sont deux chefs-d'œuvre d'exécution.

HEMMELINCK (JEAN).

32 — Deux vanteaux sur lesquels sont représentées la Nativité et la Circoncision. Tableaux d'une exécution précieuse.

HOOGE (PIERRE DE).

33 — Dans un intérieur d'appartement, où la lumière n'arrive qu'à travers des rideaux, une femme debout devant une table en partie couverte d'un tapis, pèse des pièces d'or. La lumière voilée qui entre dans l'appartement donne à ce tableau un aspect de suavité et d'harmonie remarquables.

HONDEKOETTER (MELCHIOR).

34 — Des animaux dans un parc. Sur le devant des petits cochons d'Inde près d'une rose trémière abattue ; plus loin un lapin blanc, au dessus un paon perché, et plus loin un coq et une poule et une fontaine. Ce tableau, d'un effet puissant et vigoureux, est d'une belle et admirable exécution.

HOLBEIN.

35 — Portrait du philosophe Erasme.

KLOMPT.

36 — Repos de bestiaux, sous la garde d'un berger; paysage éclairé par un ciel nuageux, avec de jolis fonds et un massif d'arbres sur le second plan.

LAMBRECHT.

37 — Tableau d'intérieur; au milieu d'une grande salle, une table servie est entourée de personnages qui font la conversation; plus loin, et près d'une porte, un buffet garni de vaisselle devant lequel est une servante, qui parle à un homme qui entre. A droite et en avant, une servante assise donne à une femme un plat dans lequel est un poisson ; à côté d'elle et sur le devant, des poissons et des ustensiles de cuisine à terre, et divers animaux. Ce tableau, garni d'un grand nombre de figures et accessoires, est bien peint, et son effet est des mieux entendus.

MAAS (Nicolas).

38. — Une jeune femme debout, vue de face, et la main appuyée sur le dossier d'une chaise, semble livrée à une douce rêverie, pendant qu'une

vieille duègne lui apporte une lettre qu'elle
s'attend probablement à recevoir.

METZU (Gabriel).

39 — Une jeune et jolie fille, assise dans un intérieur
d'appartement, est occupée à un ouvrage d'ai-
guille. Elle porte dans ce moment son attention
sur un tout jeune petit garçon, qui donne à man-
ger à un serin placé dans une cage. Ce tableau,
savamment peint, que nous croyons devoir donner à ce maître, possède des qualités que le
public, nous l'espérons, se plaira de recon-
naître.

MEURANT (Emmanuel).

40 — Paysage et habitations de paysans en Hollande.
Sur le devant, un chemin conduisant à une habitation; sur le premier plan, un chien noir
dans la demi-teinte; à droite, sur le second plan,
plusieurs vaches, dont l'une paît, l'autre beugle,
et la troisième boit; plus loin, les maisons d'habitation qui se détachent en vigueur sur un ciel
clair et d'une grande finesse. Ce petit tableau,
remarquable par la finesse, la fermeté de son
exécution et sa belle couleur, est de la plus belle
qualité de cet artiste, et il a l'avantage d'être
d'une pureté et d'une conservation parfaites; il
peut être avantageusement placé à côté des pre-
miers maîtres de son pays.

MIERIS (G.)

41 — Sur un perron à balustrade qui laisse voir une échappée de paysage; une jeune fille grondée par sa grand'maman à l'occasion, sans doute, de ce coffret en écaille renfermant des bijoux que quelque messager d'amour y a déposés, essuie quelques larmes échappées à sa confusion.

Ce charmant petit tableau bien conservé, et d'une grande finesse de pinceau, a appartenu dans le temps à M. de St-Victor.

MOMERS.

42 — Un marché. Sur le devant, un paysan près de son âne, tient un lièvre, devant lui et dans un panier des agneaux, et sur le devant un coq; à sa droite, une femme paraît marchander une volaille à une paysanne assise; sur le devant, une femme, un grand panier sur la tête rempli de provisions et un à la main, va droit à un paysan assis qui la regarde; des légumes de diverse nature garnissent le premier plan de ce tableau; plus loin, un âne près duquel est un jeune paysan assis; dans le fond, des maisons d'habitation et des montagnes fuyant à l'horizon.

Ce tableau, d'une conservation parfaite, est d'une jolie exécution, et l'effet en est des plus harmonieux.

REMBRANDT (Vanryn).

43 — Portrait de Galilée. Il est représenté auprès d'une sphère céleste un compas à la main et méditant sur la recherche du mouvement de la terre. Il est impossible de voir une tête si fortement caractérisée et peinte si savamment que celle de ce célèbre philosophe : toute l'habileté de la touche, ce mystère d'exécution dont il est parlé dans Décamps et autres biographes, se retrouvent ici unis à la magie de la couleur. La gravure faite d'après ce tableau est placée derrière.

RUBENS (Pierre-Paul).

44 — L'adoration des Mages. A la porte d'une crèche, les rois Mages viennent apporter des présents et adorer l'Enfant divin que la Vierge tient appuyé sur un coussin ; derrière elle, saint Joseph dans une attitude de recueillement, et dans le haut, des anges qui planent sur cette scène. Ce tableau, peint en grisaille, a quelques avaries dans des parties peu importantes ; les têtes sont d'une beauté et d'une exécution remarquables ; la Vierge et les anges qui planent au dessus d'elle, sont d'un caractère et d'un pinceau suave et divin.

RUYSDAEL (Jacques).

45 — Paysage entrecoupé d'une suite de terrains accidentés ; à gauche, derrière un petit monticule cou-

ronné d'arbres de diverses espèces, on aperçoit la partie supérieure d'une habitation; à droite, en suivant, l'horizon est borné par une lisière d'autres arbres; sur le deuxième plan, un rayon de soleil qui perce les nuages éclaire deux hommes, l'un assis, l'autre debout qui charge son fusil, ainsi qu'un troisième qui pêche à la ligne dans un ruisseau qui coule au bas d'une rivière.

Tableau fin de ton, plein d'harmonie et de la plus précieuse exécution.

TENIERS (Père).

46 — Paturage et Bestiaux. Sur le devant, une paysanne verse du lait dans un vase de cuivre et regarde en même temps un paysan, monté sur un cheval gris, qui paraît lui adresser la parole; tout près, un chariot attelé dans lequel un paysan range un tonneau; à droite et sur le devant, un troupeau de moutons; à gauche, des vaches, et dans le fond, un canal avec bateau à voiles. Ce tableau riche de détails et d'une belle exécution, est bien entendu d'effet; la couleur en est riche et harmonieuse. Le ciel nous paraît repeint.

TENIERS (D.).

47 — Un fumeur, assis sur un escabeau, tenant un pot de bière d'une main et sa pipe de l'autre, semble savourer la fumée narcotique qui s'échappe de sa bouche; deux figures, sur le second

plan, sont occupées à d'autres soins; un pot de grès appendu à un clou sur le mur au dessous d'autres vases placés sur une tablette, font partie des détails de cette composition.

PAR LE MÊME.

48 — Trois ivrognes, sortis du cabaret voisin, regagnent à grand'peine leur logis; tandis qu'un autre plus arriéré satisfait un besoin et paraît être l'objet de la curiosité d'une servante placée à une petite lucarne; des ustensiles sur le devant, et un fond de paysage complètent cette composition.

TILBORG.

49 — Dans un vaste appartement, plusieurs personnages, hommes et femmes, sont assis autour d'une table, se divertissent et boivent; à gauche, l'un d'eux se retourne vers une servante qui apporte un plat, la tire par son tablier, tandis qu'elle se défend des agaceries d'un cavalier qui la suit; plusieurs autres personnages, qui prennent plus ou moins de part à la scène principale, ornent, garnissent ce joli tableau qui est éclairé par une arcade ouverte et dans lequel la lumière est savamment distribuée; il est finement peint et d'une exécution des plus gracieuses.

TERBURG (Gérard).

50 — Intérieur d'appartement. Un homme, debout en robe de chambre, vient de se lever; après avoir

apporté quelque ordre à sa chevelure devant un miroir placé sur une table recouverte d'un tapis de velours amaranthe et d'une serviette à guipure, il est prêt à se couvrir d'une espèce de toque qu'il tient à la main : un livre, une boîte à toilette et un chandelier sont placés sur cette même table et concourent à l'ensemble de cette composition dont la suavité et la magie du pinceau, au point de vue de l'art, sont inimitables.

VANDYCK (ANTOINE).

51 — Portrait d'homme. Il est vêtu d'un costume noir, le col garni d'une fraise et la main posée sur la poitrine. Ce tableau d'une belle et admirable couleur, est plein d'énergie. La tête est vivante et d'un beau caractère, et la touche en est des plus spirituelles; ce tableau est d'une conservation parfaite; à droite sur le fond, 1634, Vandyck.

LE MÊME.

52 — Sainte Famille. La Vierge, l'enfant Jésus, et saint Jean. Tableau remarquable par la pureté du dessin, par l'exécution et la transparence de son coloris. Il a fait partie, autrefois, du mobilier du château de Sceaux.

VAN ROMEYN (GUILLAUME).

53 — Paysage avec bestiaux au repos dans un pâturage près d'un monticule; sur le devant, une mare. Ce tableau, très fin de couleur et de ton, est des mieux entendus d'effet.

VANDERLEUW.

51 — Paysage représenté par un temps sombre et orageux ; orné de figures et animaux par cet élève habile de Van de Velde.

Nous ferons remarquer que le pendant de ce tableau est au Musée placé sous le n° 781, et attribué à ce dernier ; il a pour sujet un pâtre et sa femme jouant avec leur enfant en faisant paître leur troupeau. Il y a beaucoup d'identité entre ces deux tableaux de même dimension. Nous laissons au public d'en tirer telle induction qu'il lui plaira. Celui qui fait l'objet de cet article sort de l'ancien cabinet Maës de Bruxelles.

WICK (Thomas).

55 — Marine. Vue d'un port. A gauche, les restes d'anciennes fortifications, et à droite des matelots débarquant des ballots. Ce tableau, finement exécuté, provient du cabinet de M. Saint.

WYTEMANS (Mathieu, signé).

56 — Un cavalier debout offrant des fruits, dans un plat d'argent, à une jeune dame assise qui tient une rose dans sa main gauche ; dans l'autre main elle y admire une pêche qu'elle a choisie parmi celles qu'on lui présente. Au second plan, un Nègre vu par le dos, et plus loin un couple

amoureux qui se dit des douceurs. Ces deux scènes se passent dans un jardin.

Wytemans est un peintre très habile dont les ouvrages approchent beaucoup de de Gaspard Netscher et passent souvent pour être de lui.

ZÉMAN (B.)

57 bis. — Paysage-marine, d'un effet piquant, éclairé par un ciel lumineux et orné de nombreuses figures.

ÉCOLE FRANÇAISE.

BAPTISTE.

58 — Un très beau groupe de fleurs dans un vase; sur le devant, des boules de neige.

59 — Un autre vase avec des fleurs.

60 — Un autre bouquet dans un vase; sur le devant, deux petits chiens épagneuls.

61 — Un autre, également dans un vase garni de pavots, pivoines, roses, etc.

Ces quatre tableaux, admirablement composés, sont d'une touche large et facile, d'une grande finesse de ton, et puissants d'effet.

BRUANDET.

62 — Paysage, intérieur de forêt; au milieu, une cascade. Tableau de la plus belle qualité de l'auteur.

CHAMPAGNE (Philippe de).

63 — Une Fuite en Égypte. Dans un beau et riche paysage, la Vierge, enveloppée d'une large draperie bleue et montée sur un ane, tient l'enfant Jésus dans ses bras ; en avant, saint Joseph tient la bride et les conduit. Ce tableau, bien composé, est d'une très belle couleur, le paysage ainsi que les draperies sont savamment traitées et les chairs sont d'une grande finesse.

GREUZE (J. B.).

64 — L'Instant du Rendez-Vous. Dans un jardin émaillé de fleurs, une jeune fille debout attend son bien-aimé : elle est appuyée contre un piédestal supportant un vase surmonté de deux colombes qui se becquettent : sujet approprié à la situation. A ces mêmes fleurs qui l'entourent de toutes parts, comme à celles qu'elle a déjà cueillies et dont elle a formé une couronne, se mêlent les soucis qui naissent sous ses pas, ce qui est l'emblême des chagrins que lui cause l'arrivée tardive de l'objet de sa pensée. Cependant, dans un nuage, au-dessus de sa tête, un rayon d'espérance vient illuminer son esprit légèrement

inquiet, et lui présage, ainsi que les caresses de son petit chien, symbole de la fidélité, le bonheur de voir celui qui doit bientôt la rejoindre : c'est ce qu'on peut appeler un sujet rempli de charmes ! une véritable idille.

Ce mélange d'espoir et d'inquiétude répandus sur la physionomie de cette jolie figure, ce peintre l'a exprimé avec toute la plénitude de son talent. Quant aux autres qualités qui brillent dans cet ouvrage si plein de fraîcheur et de poésie, nous nous flattons de les voir apprécier par le public éclairé.

GÉRARD (Baron).

65 — Portrait du célèbre Canova. Ce portrait est une des plus belles productions de son auteur.

GUASPRE DUGHET.

66 — Paysage d'un style sévère, éclairé par un ciel lumineux, et animé par deux figures placées à droite et quelques moutons sur la gauche du tableau.

JOUVENET.

67 — Une Descente de Croix. Sur le premier plan le Christ descendu de la croix est étendu à terre le corps en partie enveloppé d'un linceul que tiennent deux de ses disciples ; à droite les saintes Femmes dans la douleur, et à gauche

deux hommes dont l'un d'eux pose une échelle contre la croix. Belle et admirable composition pleine de sentiment.

LAGRENÉE.

68 — Trois sujets allégoriques: la Peinture, la Sculpture et la Poésie, pouvant servir à des dessus de porte.

M⁰ᵉ LEBRUN.

69 — Portrait de Mᵐᵉ Dubarry ; elle tient à la main une rose et un lys.

PAR LA MÊME.

70 — Amphion jouant de la lyre; il est représenté sous les traits du prince Henri Laborinski, polonais, et les trois nayades qui ont servi de modèles sont mesdames de Guiche, de Polignac et la fille de madame Lebrun.

PAR LA MÊME.

71 — Madame Catalani chantant, elle est vêtue d'une robe blanche et debout devant un piano.

PAR LA MÊME.

72 — Portrait de M. le comte de Langeron ; il est décoré de plusieurs ordres.

PAR LA MÊME.

73 — Portrait de M. le comte de Vaudreuil, costumé en
habit français, assis et vu jusqu'aux genoux.

PAR LA MÊME.

74 — Portrait de l'impératrice de Russie, femme
d'Alexandre, un diadème et un voile sur la tête.
Tous ces tableaux sont d'un pinceau suave et
harmonieux et d'une bonne couleur.

MIGNARD (Pierre).

75 — Portrait allégorique de madame la marquise de
Tavanne, femme du maréchal de ce nom. Tableau de petite dimension et d'une conservation
irréprochable.

PAR LE MÊME.

76 — Mme de Montespan.

MOUCHERON (Frédéric).

77 — Paysage fin d'exécution, d'un ton clair et blond,
orné de jolies figures sur les devants, dues au
pinceau d'Elembréker.

NANTEUIL.

78 — Portrait du Grand Colbert. Il est vêtu d'un costume noir avec une collerette de dentelle et décoré d'un cordon bleu. Tableau d'une belle couleur et d'une grande finesse d'exécution.

NORBLIN.

7 79 — Intérieur. Deux hommes et une femme assis autour d'une table : l'un d'eux tient sa pipe à la main, et l'autre son verre rempli de bière.

POUSSIN (NICOLAS).

80 — Bacchus; il est assis à terre et presse un raisin noir pour en exprimer le jus qui tombe dans une coupe. Petit tableau d'une couleur énergique et puissante, et d'un pinceau gras et suave. Le dessin en est remarquable.

PRUDHON.

81. — L'Hymen endormant l'Amour sur les genoux de Vénus. Délicieux tableau peint en grisaille d'une suavité remarquable.

REYNOLDS (JOSUHAT).

82 — Jeune Fille assise la tête appuyée sur le dossier d'une chaise; un nid de fauvette placé sur ses genoux semble indiquer le sujet de ses réflexions : c'est sans doute un larcin qu'elle aura fait à la mère de ces petits oiseaux, encore dans leurs œufs, que ce nid contient. Cette figure pleine de fraîcheur et de vie, se fait remarquer par une puissance de coloris et une fermeté d'exécution dignes de cet habile peintre.

THÉAULON.

83 — Trois jeunes filles viennent de désarmer l'amour ;
l'une d'elles le tient lié entre ses jambes, l'autre
s'est emparée de son arc, et la troisième tient
d'une main les ciseaux avec lesquels elle lui a
coupé les ailes et de l'autre les plumes. Composition très gracieuse et d'une aimable couleur.

VANLOO (Carle).

84 — Portrait de l'artiste peint par lui-même : il est
gravé.

VAN. SPAENDONCK (Gérard).

85 — Bouquet dans un vase. Ce tableau, bien composé,
est d'une exécution vigoureuse et d'une touche
spirituelle.

VERNET (Joseph).

86. — Une marine.

VERNET (Horace).

87 — Molière et sa servante. Ils sont assis tous deux près
d'une table, Molière lui lit une de ses pièces
qui la fait pouffer de rire. Tableau bien composé
et bien exécuté, et délicieusement entendu
d'effet.

WATEAU. *Marot*

88 — Un concert sur une galerie. Très belle composition d'une belle couleur et d'une grande harmonie.

89 — Tous les articles qui auraient été omis au présent catalogue seront vendus sous ce numéro.

SUPPLÉMENT

AU

CATALOGUE

DE LA VENTE DES

TABLEAUX

DES DIVERSES ÉCOLES,

PROVENANT DE LA GALERIE

De M. le Prince de Talleyrand,

Et du Cabinet de M. DrP. de G..,

DONT LA VENTE AURA LIEU

Les Mardi 9 et Mercredi 10 Mars 1847, à midi,

RUE DES JEUNEURS, N. 16,

SALLE N° 1.

Par le ministère de M⁰ RIDEL, Commissaire-Priseur, rue Saint-Honoré, 335,

Assisté de M. SCHROTH, Appréciateur, rue Fontaine-Molière, 83,

Chez lesquels se distribue le présent catalogue.

— ◦ ◉ ◦ —

EXPOSITION PUBLIQUE

Les Dimanche 7 et Lundi 8 Mars 1847, de midi à 4 heures.

— ◦ ◈ ◦ —

PARIS.

IMPRIMERIE ET LITHOGRAPHIE DE MAULDE ET RENOU,

Rue Bailleul, 9 et 11.

—

1847

CONDITIONS DE LA VENTE.

—

Les acquéreurs paieront 5 centimes par franc en sus
du prix des adjudications.

DÉSIGNATION

DES TABLEAUX

PERRUGIN.

920 .90— Jésus au milieu des docteurs; il est debout dans le fond, en avant sont les docteurs qui l'écoutent. Ce tableau d'une grande finesse d'exécution est remarquable par sa simplicité et sa naïveté, il devra, nous le présumons, fixer l'attention de MM. les amateurs par ses rares qualités.

PORDENONE.

50 91— Saint Sébastien; il est étendu à terre et tient à la main une des flèches dont il a été percé. Ce tableau d'une belle et énergique couleur, est d'un dessin remarquable et d'un aspect puissant et vigoureux.

LIBERI (LE CHEVALIER.)

200 92— Une Cérès; elle est couronnée d'épis, et tient dans ses bras une gerbe de blé. Tableau d'une belle couleur et d'un effet large et harmonieux.

ÉCOLE NAPOLITAINE.

4 — Une tête d'homme.

LOCATELLI.

5 — Paysage coupé par une rivière, et au bord sur les deuxième et troisième plans deux forteresses, et sur le premier plan plusieurs personnages et des barques.

MIEL (Jean.)

6 — Paysan assis à terre et jouant du flageolet, devant lui un jeune garçon l'écoute.

BOUCHER.

7 — Deux jeunes filles assises à terre et groupées ensemble se font des caresses. Tableau très gracieux de caractère de faire et d'exécution.

GREUZE.

8 — Tête de jeune femme les yeux levés au ciel. Tête d'un très beau caractère grassement et suavement exécutée et d'une belle couleur.

Imprimerie Lithographie de Marteu et Rasou, rue Ba l'eul, 9-11.